Andrea Nieswand

D1722726

Loslassen

Für Annelie...
und mit herzlichen
Grüßen und auf
ein baldiges
Wiedersehen

Andrea
13. 6. 2023

Andrea Nieswand

Loslassen

Gedichte

Bibliografische Information der Deutschen Nationalbibliothek:

Die Deutsche Nationalbibliothek verzeichnet diese Publikation in der Deutschen Nationalbibliografie; detaillierte bibliografische Daten sind im Internet über dnb.dnb.de abrufbar.

© 2023 Andrea Nieswand

Korrektur und Endkontrolle

Andrea Nieswand

Gerd Nieswand

Coverlayout: BoD

images: Freepik.com

Herstellung und Verlag: BoD - Books on Demand, Norderstedt.

ISBN: 978-3-7578-1032-0

Manchmal reicht ein Wort
um fliegen zu können...

Für meine Familie

Ich bedanke mich bei meinen Lieblingsmenschen

für die Liebe, Geduld, Motivation, Inspiration

und das Mutmachen

zum

Loslassen

Aufgewacht

Lächelnd aufgewacht

Liebe im Kopf

Leidenschaft in der Luft

meine Finger

finden deine Wärme

du bist bei mir

wir sind

alles macht Sinn ♥

♥

♥

Mein Kleid

Ein Kleid aus meinen Gefühlen
für dich
habe ich genäht
es war viel zu groß
ich nahm ein Stück rechts weg
eine Naht links
ein wenig aus der Mitte
verkleinerte mehr und mehr
es gefiel dir nicht
mir wurde es zu eng
ich konnte nicht mehr atmen
ich zog es aus
du kannst es behalten

***

Dünnes Eis

Nur ein paar Worte

unbedacht

und das Eis wurde dünner

nur noch ein Hauch

zerbrechliches Nass

„ganz dünnes Eis"

sagte ich

und du

fährst weiter Schlittschuh

und drehst deine Kreise

August

Salz in der Luft
tosende Brandung
Spuren im Sand
verlieren sich
mit den Wellen
unsere Hände
fest ineinander
unzertrennbar
dachte ich
das Meer spült
dich fort
konnte dich nicht halten

Flieder

Fliederlila süßer Duft
steigt auf zu lila Wolken
ich freue mich
auf den nächsten Regen
und werde tanzen
lilalosgelassen
dich
in Gedanken

Wortlos

Verlernt die Dinge zu sagen

Gefühle sprechen zu lassen

Worte

parlieren

einfach so

nimm meine Küsse

die Berührung

die Umarmung

und hör zu

was ich dir zu sagen habe

Zögern

Was ist

wenn wir fort sind

voneinander

und vergessen

was wir fühlten

gerade eben noch

bevor ich ging

ich bleibe stehen

zögere

gehe weiter

wir werden sehen...

Entbrannt

Wenn das Glück in mir

die Angst verdrängt hat

bewegt sich die Zeit

viel zu schnell

...entbrannt

Auswege

Die Sinne trügen,

Veränderung im Blick.

Gedankenspiel

voller Ratlosigkeit

Wege suchend

Auswege

wir im Kopf

du im Herzen.

ich

allein

Kindertage

Wie sehr vermisse ich das Lachen

wenn dein ganzer Körper bebt

vor Freude

das Strahlen der Augen

Funkelperlen

graublaugrün

wo seid ihr hin?

gückliche Kindertage

Tanzen

Ich tanze

aus der Reihe

deiner Blicke

Arme hoch

dreh ich mich im Kreise

schließe die Augen

atme ein und atme aus

lachend

und ich bin ganz bei mir

Wie du es tust

Lieb mich

so wie du es tust

nicht anders

nicht weniger

genau so

wie du es tust

es ist zärtlich

und sanft

manchmal stürmisch

berauschend

mich wärmend

seelenverwandt

mich verlierend

im Moment

wenn Du tust

was du tust

wenn Du sprichst

wortlos

mein Herz mir raubend

atemlos

wir entschleunigen

weil Du mich so liebst

wie du es tust

hör nicht auf

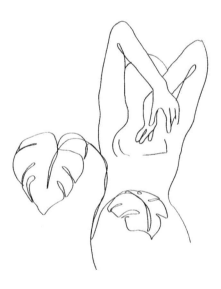

Vielleicht

Vielleicht ist es ja

doch besser

wenn ich nicke

wenn Du mich wieder

fragst ob Du

besser gehen solltest

Mondfall

Ich möchte bei dir sein

wenn der Mond vom Himmel fällt

wenn das Warten uns verbindet

bis zu dem Moment

der niemals kommt

Manchmal

Manchmal ist

das Vogelgezwitscher

am Morgen

so laut

und hindert mich

zu denken

wie schön

Labyrinth

Ich gebe ja nicht auf

gehe nur ein bißchen

fort

von dir

und mir

und unseren verwirrten Gedanken

verirrt

im Labyrinth

suche ich Wege

für uns

Weitergehen

Gehen wir doch einfach weiter

und schauen

was da kommt

auf unserem Weg

weiter geht immer

nur umzukehren

ist keine Option

Blauäugig

Himmelblau waren

deine Augen

als ich mich das erste Mal

in ihnen fand

verloren

in der Kälte

des Herzens

strahlt eisblau

nun dein Blick

verliebt

bist du

wie immer

nur in dich

ich war nur blauäugig blind

Ganz nah

Auf deinem Kissen

geruht

um dem Schlaf

zu begegnen

der mir fehlt

seit du fort bist

weil dein Duft

mich umgibt

doch will ich nicht

lassen

in Dir zu rasten

so bist du doch da

ganz nah

Sommerwind

So nah

am Feuer

Luftschlösser bauen

im Sommerwind

mit dir

die Sonnenzeit

verbringen

endlos

auf heißem Sand

duftende Körper bewegen

Leidenschaft

in der Luft

fortsegeln

Schattentanz

Sanft legt sich
die Dunkelheit auf uns
mein Blick
sieht dich anders
Schatten auf der Haut
schemenhaft
die Konturen
zarte Annäherung
intensiv die Berührung
lass uns Schatten tanzen

Falsches Spiel

Vertrauensvoll

in deinen Armen

lag ich

für zu kurze Zeit

falsches Spiel

wir waren nicht allein

Sie ist weg

Gern bliebe ich

wahrhaftig

und für immer

sagtest du

glaubte ich

und dann gingst

du rückwärts

den alten Weg

wo nichts mehr

auf dich wartet

die Zeit ist vergangen

hast du übersehen

komm nicht wieder

ich bin auch nicht mehr da

Dunkelheit

Ich küsse die Schatten

in der Dunkelheit

wenn die Sehnsucht

mit mir spielt

deine Wärme spürend

du bist nicht hier

fasse ins Leere

nur ein Traum

fühle die Narben auf deiner Haut

atme

du fehlst

Ausgelebt

Wir waren uns nah

für so lange

nicht nah genug

um uns zu halten

Abstand

Entfernung der Herzen

neue Wege

Abschied

allein

ohne Bedauern

ausgelebt

Nähe

In deiner Nähe

werde ich unnahbar

ziehe ich mich zurück

unsichtbar

nicht erreichbar

nicht mehr für dich

bleib fort

Unnahbar

Ich hab dich vermisst

bevor du gingst

doch als du da warst

warst du auch schon fort

zu unnahbar

Neue Ufer

Während ich glückselig

schlief

müde geliebt

im Meeresrauschen

warst du schon

nicht mehr bei mir

trotz daß dein Mund

mich noch süß küsste

zum Abschied

war der Blick

beim Gehen

schon fort

zu neuen Ufern

...sagt man wohl dazu

Tinte

Du hast

deine Gedichte

ohne Tinte

auf meinen Körper geschrieben

unsichtbare Farben

doch spüre ich

jedes einzelne Wort

wie Narben

fühlbar

oberflächlich

doch sind sie tief unter meiner Haut

Unsicher

Gern ließe ich mich fallen

in deinen weichen Schoss

der vorgibt eine Wolke zu sein

ich erwarte

keine Wunder

vielleicht

pralle ich auf Stein

Vorbei

Müde geliebt

und

tot geredet

Glück verspielt

unbegreiflich

Mai

Fliederduft und weiße Glöckchen

verwirrende Gefühle

vor langer Zeit

es sollte für immer sein

dachten wir

viel gelebt

doch die Blumen verblühten

wir mit Ihnen

der Duft verflogen

die Schönheit vergangen

das Herz schlägt noch immer

ein wenig

in jedem Mai

wenn der Flieder

lila wird

Vermissen

Ich wünschte du hättest

länger bleiben können

ich war noch nicht bereit

ohne dich zu leben

ich nahm mir nicht die Zeit

mich mehr zu kümmern

mehr von dir zu lernen

mehr zu sein wie du

dein großes Herz hat

so viel Liebe geschenkt

du musstest gehen

und bist dennoch

für immer geblieben

in uns allen

wie schön

dein gewesen zu sein

dankbar

ein Teil von Dir zu sein

Morgen

Mit geschlossenen Augen

aus dem Schlaf tasten

in deinen Arm mich legen

Wärme spüren

erneut den Traum beginnen

gemeinsam

und ruhen

bis wir durchgeatmet haben

Verirrt

Fröhlich pfeifend auf fliederfarbenen Wegen

verirrte ich mich im Leichtsinn

in Unachtsamkeit

der Fährmann nahm meine Kleider

des Henkers Lohn war mein Herz

angegriffen

lila Wolken folgend

nackt und seelenlos

bei dir gelandet

bist du das Licht?

Bleib

Fortgegangen bist du

ein letztes kurzes Wort

schwebt auf mich nieder

während du die Tür schließt

leise mich berührend

bleib

Sinnlos

Liebe im Sinn
ist der Sinn Liebe?
Unsinn
kein Sinn
dich im Sinn
bist du Liebe?
mein Sinn
du
sinnlos

Lüge

Wenn das Wort

den Zauber bricht

der Blick

sich vom Gefühl abwendet

lachen

im Ansatz erstickt

Gefühl erloschen

für eine zerstörte Erinnerung

die die vergangene Zeit

ins andere Licht rückt

Wahrheit

Wenn das Kerzenlicht zu hell erscheint,

um die Wahrheit zu verbergen

schließe die Augen

dort siehst du die Antworten

Fort

Ich vermisse dich

obwohl du bei mir bist

ich seh dich nicht

doch stehst du vor mir

ich verstehe dich nicht

doch höre deine Worte

wo bist du hin?

Ja

Ich habe Ja gesagt

zu dem Ungewissen

ich habe Ja gesagt

ohne Angst, voller Vertrauen

Ja gesagt, zu allen Tagen

den guten Momenten

und

den einsamen Nächten

Ja, sage ich zu der Zukunft

die so farbenfroh erscheint

Ja, zu den grauen Zeiten

die sich nicht verhindern lassen werden

mein Ja hat nur zwei Buchstaben

und bedeutet Ja auf alle Fragen

die noch nicht gestellt

es gibt nur ein einziges

Ja

für ein Leben mit dir

Ruhe

gern möchte ich noch ein wenig verweilen

im Moment

im Gefühl

in der Wärme des Sonnenstrahls

der mir ins Gesicht scheint

gelassen

in Zufriedenheit

pur und bewegt

Stille im Herzen

ein paar Schläge lang

und ich atme wieder

Immer

Wenn alle Bätter gefallen

der Blick nach oben

die Sicht frei legt

Himmel auf

nach Innen

Erinnerung

dann warst du hier

bei mir

unvergesen

in meinem Herzen

und dort halte ich dich fest

immer

Angst

Ich hatte Angst als du kamst

und Angst als du gingst

du hast Spuren in mir hinterlassen

und Narben auf meinem Körper

Stille im Kopf

die Seele genommen

das Herz zerbrochen

Leere im Sinn

Scherbenhaufen

fassungslos

Was fehlt?

die Angst ging mit dir

Verwirrung

du bist wirklich fort

Hoffnung

es wird wieder gut

Irgendwann

Bewegt

Ich bewege mich
in dir
bewege mich
auf dir
Bewegung in mir
du
bewegst mich
ohne Berührung
meine Finger
bewegen dich
wir bewegen uns
mit den Sinnen
den Worten
den Augen
bewegt
durch die Blicke
die Berührung
die atemlosen Momente
du bewegst dich

für mich

um mich

mit mir

es bewegt uns

Stille

Schmerz

Lust

bewegt

bewegungslos

berühre mich

Sand der ewigen Zeiten

Der frühe Morgen weckt mich

der zu schnelle Herzschlag

erinnert mich

du warst es

der mich erzittern ließ

an dem Tag

am Meer

als die Liebe sich fand

am Strand

im Sand der ewigen Zeiten

fühle dich neben mir

und das Herz beruhigt sich

nur geträumt

Schwarz

Ich habe Liebe gesehen
sie war so rot
ich habe Glück gespürt
strahlend gelb
die Freude in orange
mein Lachen ganz blau
Wehmut in zartem grau
diese Eifersucht unendlich grün
dunkelblau meine Einsamkeit
verdrängt die weiße Hoffnung
lila Wolken am Himmel
bunte Tage in Erinnerung
dann wurde es Nacht
und es kam
der schwarze Mann

Grau

Die ungesagten Worte

versperren uns den Weg

die Schmerzvollen

die graue Bilder malen

die Zärtlichen

die in bunten Farben strahlen

stumm

stehe ich auf der Stelle

bewegungslos rühre mich nicht weg

bis die bunten Farben

das Grau verdrängen

farbige Zukunft

lass uns leben

wenn die grauen Wolken

vorüber sind

und der blaue Himmel uns heilt

Gedankenwelt

Wenn nichts mehr bleibt

nur unendlich viele Fragen

zur falschen Zeit, im schlechten Moment

entrückte Emotionen

haltlos

sinnlos

ruhelos

braucht es den Blick

es braucht die Hand

die kurze Berührung

die heilt

es braucht manchmal

nur den kurzen Moment

und der Weg ist wieder klar

Bleib doch

Und ich liebe es
in dich verliebt zu sein
du bist der Grund für das Strahlen
wenn der Gedanke an dich
glücklich macht
und der Grund
für den verzweifelten Moment
wenn sich die Nähe ein wenig entfernt
geh doch einfach nicht mehr weg

Letzte Liebe

Gern wäre ich

deine letzte Liebe

ich hoffe

ich bin nicht zu spät

es waren so viele

Herzstück

Ich habe dein Herz gesehen

in einem kurzen Moment

als du unachtsam warst

da fehlt ein Stück

hab ich gesehen

ich geb' dir das fehlende Teil

vertrau mir

wir können es heilen

Sturm

Wenn dein Herz spricht
finde ich die Worte
in deinen Augen
sehe die Nacktheit
deiner Seele
und fühle den Sturm
der aufzieht
halt mich fest

Neugierde

Heftig

aufregend

anders als bisher

neues Gesicht

andere Stimme

Fragen in den Blicken

Gefühle

irritierend

es wächst

bewegt mich

erregend

macht mich schwach

und ich warte auf den Fall

Rückblick

Es kann nichts bleiben

von einer wirklich erloschenen Leidenschaft

kein Beben

kein Funken,

kein Herzschlag mehr ungleichmäßig

wie schade

es war so besonders

Träume

Sich sehnen

sich spüren

sich so sehr begehren

verlangen

vergessen

Zeit und Raum

male meine Träume

im Schlaf auf deine Haut

werden dich erreichen

ich kenne den Weg genau

Dämonen

Ich verliere mich

in den Dämonen der Gedanken

die

die zerfleischen

die

die Ruhe zerstören

den Verstand entgleiten und

das Wesentliche vergessen lassen

verschwundene Einfachheit,

die Geister die ich rief

verschließen mein Herz

zu viele Bilder im Kopf

sobald ich die Augen schließe

ausweglos

Gedicht ohne Worte

Für dich

mein Gedicht

dein Gedicht

schreibe ich nicht

gemeinsame Zeit

welch schöner Reim

Blicke

Berührung und unser Lachen

nenne ich Poesie

Umarmungen

sind Lyrik am Morgen

atemlose Küsse

die Prosa am Abend

mein Gedicht für dich

schreib ich nicht

es hat keine Buchstaben

Glück

Es ist der Mond

für viele

oder der Mann

der dort wohnt

es sind auch die Sterne

die Wolken und das Meer

die schönen Wunder der Natur

gern ist es auch der Sonnenschein

das Salz auf unserer Haut

und der Duft der Blumen

für mich

bist du es

die Ruhe

der Sturm,

das Licht im Dunkeln

die Einsamkeit wenn du gehst

die starke Hand

im richtigen Moment

meine Kraft und mein Weg

der Anker

der mich hält

du bist mein Glück

Lassen

Lass los

Lass sein

Loslassen

Geh vor

Geh zurück

Gehenlassen

Schrei laut

Schrei leise

Weinenlassen

Halt fest

Halt aus

Behalten

Geh doch

Geh doch

wenn nicht Genüge ist

wer ich bin

was ich habe

und zu geben bereit bin

es wäre genug

für den Einen

Schmerzvoll

Es verschieben sich die Grenzen

der schmale Grat

das dünne Eis

so nahes Feuer

so eng die Luft

weglaufen

....keine Option

Irgendwo

Lass uns doch fortlaufen

Richtung Nirgendwo

es ist irgendwo

weiß ich

aber kenne den Weg nicht

traust Du dich?

Bei Dir

Seit ich bei dir bin

kenne ich Einsamkeit,

wenn du fort bist

seit ich mit dir bin

schlägt mein Herz anders

aufgeregt

seit du in mir bist

will ich nur bleiben

immer

lass uns zusammen sein

Unzertrennbar

Die fernsten Fernen

und die nächsten Nähen

spüre ich mit dir

die heißeste Hitze

und die eisigste Kälte

den Himmel

die Hölle

in einem Moment

ist es jetzt oben

oder bin ich gerade unten?

Manchmal

weiß ich es nicht

gleichmäßig

ungleichmäßig

wenn die Zeit uns trennt

nie ganz wirklich und doch

unzertrennbar

Rosenblätterrausch

Romantische Momente

schöne Zeiten

auf Rosen gebettet im Traum

in stürmischen Begegnungen

das Gefieder zerzaust

plötzliche Nacktheit lässt frösteln

kalte Blicke

aus hellblauem Eis

verschwunden der Rausch

in dem ich die wärmenden Blätter verlor

Kopfschmerz

Ich habe gesucht

ich habe gefunden

war es was ich suchte?

was war es was ich fand?

ich fand dich

verlor mich

nun habe ich mich wieder

und du bist fort

neue Begegnungen

doch in jedem Gesicht

suche ich nach dir

ich werde wieder finden

aber noch bist du hier

in meinem Kopf

in meinem Herzen,

spüre deine Hände

deinen Atem in meinem Haar

ein Brief

wenige Sätze

Worte

viel zu viele Worte

all diese Worte

seid still

ich mag keine Bilder mehr im Kopf

Lust

Manchmal tut es so weh

ganz tief

in der Nähe zwischen Herz und Nabel

da

wo Liebe und Lust wohnen

wenn das Herz bebt

da

wo Kälte und Angst herrschen

wenn das Herz kaum noch schlägt

das Alleinsein raubt den Atem

und ich weine wie ein Kind

es tut es weh

links unten

was gäbe ich

wenn es einfach Lust wäre

Entschleunigung

Im Tempo der Zeit

hast Du mich verloren

ich bin ein par Schritte hinter dir

es scheinen Kilometer

bleib doch stehen

und warte auf mich

Vermissen

Wenn so sehr die Berührung fehlt

das zarte Streichen über nackte Haut

nur Sanftheit

ohne Erwartung

ohne Lust

nur ein Gefühl

nur ein Hauch

gerade ein Atemzug

der mir sagt

du bist bei mir

Worte

Gern wollte ich dir sagen

was du mir bedeutest

doch ich finde keine Worte

so malte ich sie gern

die Buchstaben

doch die Farben sind zu blass

und ganz verkehrt

so denke ich dich

zärtlich

bunt und schwarz und strahlend weiß

und spare die Worte

die doch nicht sagen

was ich gern sagte

als ich fühlte

als wir waren

ohne Worte

ohne Fragen

Sehnsucht

Gedankenvoll am Ende des Tages

du bist fort

die Tage vergehen viel zu langsam.

so viele Dinge zu sagen

zu viele Momente geschwiegen

weil Du fort bist

und die Worte

tief im Innersten verweilen

komm nach Hause

Danach

Es ist nur ein Wort

manchmal mehr als ein Satz

danach

schon vorbei

noch nicht angekommen

Zukunft

eine Illusion

nur ein Traum

weit...weit...weit...

im Herzen eingeschlossen

ins Gehirn geschrieben

du...du...du...

danach

nach dir

nach mir

wir...wir...wir...

danach ist es nicht mehr wie vorher

danach

das ist bald

nach morgen

danach

das bist du

für mich

danach

für mich nichts

nur du

ich warte auf morgen

warte auf die nächste Woche

ich warte jetzt

ich werde noch danach warten

nach allem

nach nichts

danach

was wird bleiben

wieder anfangen

immer wieder

immer...immer...immer...

ich liebe dich

ich liebte dich

ich werde dich lieben

niemals liebte ich

ich werde danach lieben

erneut dich lieben

unaufhörlich

wieder

immer

lieben

danach

Für den Einen

wenn wir uns verlieren,

in unseren Blicken

den Zärtlichen

und den Küssen

den Sanften

und den Berührungen

den Suchenden

den Bewegungen

den Drängenden

wenn wir uns verlieren

in der Lust

wenn die Zeit

zeitlos wird

möchte ich verweilen

verloren in diesem Gefühl

Durch Dich

In die Nacht hinaus

gehen die Sehnsucht und die Träume

verpackt in Wünsche

und endlose Umarmungen

voller Verlangen und bebender Leidenschaft

mein Herz schlägt ungleichmäßig erregt

aufgeregt

durchgedreht

durch dich

Bilder

Deine Worte malen die Bilder

in meinem Kopf

Worte

die du sprichst

die du schreibst

die du denkst

unausgesprochen

in deinen Blicken verweilend

bis die Farbe der Gedanken getrocknet ist

Mein Hafen

Angelegt hast du

dem Sturme zum Trotz

den Gefahren entronnen

zur Ruhe begeben

bei mir

ich wäre gern dein Hafen

bis die wilden Meere

dich wieder nehmen

immer

ist ein zu großes Wort

Manchmal

Es muss ja nicht immer

für immer

bedeuten

manchmal

ist manchmal

schon genug

Schlaf

Ich möchte einfach nur schlafen

schlafen

bei dir schlafen

schlafen mit dir

endlos schlafen

Tiefschlaf schlafen

traumlos schlafen

und schlafen

entfliehen in die Träume

in den Schlaf

in die Träume schlafen

träumend schlafen

mit dir

bei dir

bis wir wieder

ineinander schlafen

im Schlaf

Kinder

Kleine Wesen

große Herzen

wahre Liebe

aufrichtiges Gefühl

könnten wir doch alle

Kinder bleiben

wie naiv bunt und einfach

lebten wir

miteinander

unvorstellbar

schön

Angenommen später

Angenommen später
liebten wir uns
noch immer
vielleicht
hoffentlich
wünschte ich mir
jetzt
dann sollten wir
jetzt
doch nicht
aufhören
man weiß ja nie

Blicke

Wunderschön

als unsere Augen

sich das erste Mal

erblickten

wann wird der letzte Blick

sein?

Fernweh

Fernweh in den Augen

Sommerwind in der Luft

stumme Worte

Schweigen der Herzen

Kreise auf die Haut gemalt

monoton

mein Blick folgt der Möwe

ausbrechen aus dem Moment

loslassen...

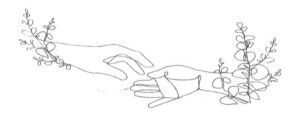

Aber Du......halt fest